Uta Allgaier · Sabine Frielinghaus

DIE FIBEL der Gelassenheit

DAS KLEINE ABC EINES ENTSPANNTEN FAMILIENLEBENS

Ellert & Richter Verlag

INHALT

VORWORT

Bevor Sie anfangen zu blättern im Alphabet der Gelassenheit, möchte ich Ihnen die Geschichte von Kawsar erzählen. Kawsar, sieben Jahre alt, kam in einer Gruppe herzkranker Kinder aus Afghanistan nach Deutschland. Allein, ohne Eltern und im Gepäck nur ein paar Socken, eine Tüte Maulbeeren und die Angst vor der schweren Operation.

Wir hatten das Glück, sie kennen zu lernen. Denn in der Zeit vor der Operation und in den Wochen danach hat sie in unserer Familie gelebt, als wäre sie unser eigenes Kind. Wir haben sie ins Krankenhaus begleitet und später zur Vorschule, haben mit ihr gespielt, Pizza gebacken und ihr das Radfahren beigebracht.

Es gab schwierige Situationen: Als sie anfangs einfach alles auf den Boden schmiss, was in den Müll gehörte, und sich weigerte, es aufzuheben. Als sie in der Dusche tobte, weil sie sich nicht die Zähne putzen wollte. Als sie wieder und wieder das Fahrrad umwarf, weil das mit dem Anfahren nicht klappen wollte …

War ich immer gelassen? Nein.

Der Anspruch ist einfach zu hoch. Wenn ich mir einrede, ich müsste **immer** geduldig, **immer** die Ruhe selbst, **immer** fröhlich sein, dann kann ich das im Alltag mit Familie nicht halten. Und der Anspruch führt zu Schuldgefühlen, Enttäuschung über sich selbst und Erschöpfung. Völlig ausgebrannt verlieren wir uns in Machtkämpfen.

Wenn wir sehr angestrengt sind, dann nicht, weil wir so viel Arbeit haben, sondern weil wir mit der Arbeit etwas über uns beweisen wollen. Das macht es so anstrengend. Wir wollen alles richtig machen und immer alles unter Kontrolle halten.

Das geht mit Kindern nicht und im Leben sonst auch nicht. Und das ist gut so.

Als Kawsar schon ein bisschen Deutsch konnte und es eine Situation gab, in der ich angestrengt war, legte sie den Kopf schief, schaute mich besorgt aus ihren grünen Paschtunen-Augen an und fragte: „Alles gut?“

Da fiel alles von mir ab. Ich musste einfach lachen und sie in den Arm nehmen. Und mir wurde schlagartig klar, dass Vieles, über das wir uns den Kopf zerbrechen, nicht so wichtig ist. Mal ein Eis essen vor dem Mittagessen? Ja, davon geht die Welt nicht unter. Mit den neuen Sandalen durch eine Pfütze? Ja, unbedingt, denn in Kabul gibt es in dieser Jahreszeit keine Pfützen. Wütend werden, weil Kawsar am Auto die Tankklappe kaputt gemacht hat? Ja, klar. Das ist ja auch ärgerlich.

Als Kawsar im Juli zu ihren Eltern und Geschwistern nach Afghanistan zurückflog, wurde mir noch deutlicher, was ich vorher schon geahnt hatte: Ich muss mich als Mama nicht beweisen. Es gibt kein richtig und falsch im Umgang mit Kindern. Jeden Tag probieren wir neu aus, was funktioniert und was nicht. Mal braucht es mehr Nähe, mal mehr Durchsetzungskraft.

Das Entscheidende ist die Verbindung zum Kind. Wenn es für Kawsar am Schlimmsten war, das Heimweh, das Nicht-verstanden-werden, die Angst, dann half es, sie auf den Schoß zu ziehen und sie hin und her zu wiegen, sie zu streicheln, ihr den Rücken zu kratzen und zu singen.

Kleine Menschen brauchen immer nur das. Erziehungsmethoden können auf einer oberflächlichen Ebene hilfreich sein. Im Kern aber geht es um die Liebe zum Kind und zu sich selbst.

Im Alphabet der Gelassenheit wollen wir deshalb nicht durchbuchstabieren, wie man Kinder in den Griff kriegt, sondern Eltern Hilfen geben, ihre Familienwelt schöner zu gestalten und kleinen Widrigkeiten mit größerer Gelassenheit und Humor zu begegnen. Leben darf leicht sein. Von A bis Z viel Freude wünschen Ihnen

Uta Allgaier
und Sabine Frielinghaus

True Love

Stellschrauben im Kopf

Wie wichtig die innere Haltung zum Kind ist.

Kinder spüren von klein auf, wie es ihren Eltern geht. Damit es denen gut geht, wählen sie entweder die Anpassung (zum Beispiel an die Kita, die sie vielleicht nicht mögen) oder sie wählen die Rebellion und machen Schwierigkeiten, um ihre Eltern darauf hinzuweisen, dass etwas in die falsche Richtung läuft in ihrer aller Leben. Natürlich unbewusst das Ganze.

Eltern wollen von Anfang an, dass es ihren Kindern gut geht. Als mein Mann und ich im Krankenhaus mit dem kleinen Kronprinzen entlassen wurden, waren wir fassungslos, dass man uns das Kind einfach so mitgab. Als wären wir von der Stiftung Warentest, zerrten wir zur Kontrolle an dem Gurt, der wenige Minuten später keine geringere Aufgabe haben würde, als die Schale mit unserem Kind zu halten, konnten uns kaum einigen, ob die Babydecke bis zum Kinn oder lieber nur bis zu den Achseln reichen sollte, und horchten atemlos, ob der schlafende Säugling den Reflex hat, mit dem man den nächsten Sauerstoff aus der Umgebung zieht. Uff, den hatte er! Mein Mann startete das Auto, rumpelte mit kaum messbarer Geschwindigkeit vom Klinikhof und fuhr so langsam, dass ich gerne das Spucktuch wie eine weiße Fahne aus dem Fenster gehalten hätte.

Eltern wollen, dass es ihren Kindern gut geht. Kinder wollen, dass es ihren Eltern gut geht.

Das müssen wir festhalten.

Vor allem den zweiten Satz. Den vergessen Eltern viel zu schnell. Wenn ein Kind Probleme macht, bringt es die Eltern zum Rotieren. Sie legen sich noch mehr ins Zeug für das Kind, vergessen noch mehr, sich um sich selbst und die Partnerschaft zu kümmern, was wiederum das Kind stresst. Es hatte eigentlich Signal geben wollen, dass die Eltern sich um ihr Glück kümmern sollten. Stattdessen kreisen diese jetzt nur noch ums Kind und brennen völlig aus bei all dem, was das Leben sonst noch von ihnen abverlangt.

Vor allem die Mutter beginnt zu glauben, sie würde irgendetwas falsch machen. Sie strengt sich noch mehr an, wird noch gestresster. Das Kind merkt den Druck der Mutter, gerät dadurch auch in Stress, wird noch problematischer, was wiederum den Stress der Mutter weiter steigert. Ein Teufelskreis beginnt sich zu drehen. Beide quält das Gefühl der permanenten Vergeblichkeit. Jede Anstrengung erscheint umsonst. Alles wirkt sinnlos, die ganze Familie landet im Burn-out.

Und was steht am Beginn dieser Abwärtsspirale? Die Angst, selber zu versagen, und die Überbesorgtheit, der ängstliche, pessimistische Blick auf das Kind.

Der Kinder- und Jugendpsychiater Michael Schulte-Markwort schreibt: „Kinder, die es gewohnt sind, dass sie sorgenvoll und pessimistisch betrachtet werden, werden sich schneller überfordert fühlen als die Kinder, die einen zutraulichen Blick auf sich gerichtet fühlen – …“ (BURN-OUT-KIDS, Seite 123)

Nun gibt es genug Situationen, in denen sich Eltern einfach Sorgen machen und aktiv werden müssen für ihr Kind. Es lässt sich nicht alles weg-schreiben oder davon-coachen. Fasziniert beobachte ich aber die Veränderung, die eintreten kann, wenn es uns gelingt, unsere innere Haltung zu wandeln. Die Stellschrauben im Kopf zu finden, das bringt nachhaltige Veränderung.

„...(es) bewahrheitet sich die Hypothese von den unausgesprochenen, aber trotzdem wirksamen Beziehungswahrheiten dann, wenn ich einem Elternpaar mit einem schwierigen Kind rate, einen Haltungswechsel dem Kind gegenüber zu vollziehen. Solche Eltern berichten mir dann beim Folgetermin erstaunt, dass sie gar nicht mit ihrem Kind darüber gesprochen und sie sich nur beide intensiv um einen inneren Haltungswechsel bemüht hätten – und sie doch bei ihrem Kind in der Folge eine signifikante Verhaltensänderung wahrgenommen haben.“ (Michael Schulte-Markwort: BURN-OUT-KIDS, Seite 157)

So ging es mir auch, als ich etwa zur Grundschulzeit der beiden Thronfolger von einem Seminar zurückkehrte. Vorher war ich kurz vor dem Burn-out. Die Rückkehr in den Beruf wollte nicht so recht gelingen, in der Partnerschaft knirschte es und der Kronprinz zeigte Verhaltensauffälligkeiten. Also zog ich los, um mir etwas zu gönnen und besuchte ein Persönlichkeitstraining. Zurück kam ich mit einem tiefen Gefühl der Erleichterung und mit den Sätzen:

„Ich bin gut genug.“

„Es muss weder beruflich noch privat irgendetwas über mich bewiesen werden.“

„Leben darf leicht sein.“

Und was soll ich Ihnen sagen? Mein Wandel hat bis heute unsere Familie grundlegend verändert. Die Auffälligkeiten beim Kronprinzen hörten auf, ohne dass wir ihn zu einer Therapie gebracht hätten, es gab und gibt einfach mehr Freude und Leichtigkeit in unserem Leben. Die Kinder sind seitdem sichtlich entlastet. Es ist schlicht ansteckend, wenn die Eltern plötzlich zu ihren Lieblingssongs durchs Wohnzimmer tanzen.

Natürlich gibt es auch mal Einbrüche oder Momente, wo uns nicht nach Tanzen ist. Aber das Schreiben hilft mir immer wieder, den Kurs zu halten. Und ich hoffe, dass ich Ihnen auch ein bisschen Leichtigkeit mit auf den Weg geben kann.

Schauen Sie mit mehr Vertrauen und einem optimistischeren Blick auf das Kind und gucken Sie mal, an welchen Stellschrauben im Kopf Sie drehen könnten.

Das Recht auf ein aufgeschlagenes Knie

**Warum es sinnvoll ist,
Kinder auch mal Risiken eingehen zu lassen und sie nicht
vor allem und jedem zu beschützen.**

Unsere Tochter (14) wollte auf unserem Dach sitzend einen Sonnenaufgang erleben. Ich habe geschluckt. Sie war schon das eine oder andere Mal auf unserem Dach, weil sie dort am besten nachdenken kann. Aber im Morgengrauen? Ohne dass ich an der Dachluke stehe und das Kissen reiche, das sie sich auf den Tritt für den Schornsteinfeger legt? Im Dunkeln, in der Kälte? Womöglich ist es windig. Womöglich fällt die Dachluke zu und versperrt ihr die sichere Rückkehr.

Es wäre mir lieber, sie würde um die Zeit sicher und warm in ihrem Bett liegen.

Aber dann fielen mir die Kinder-Grundrechte des polnischen Arztes und Pädagogen Janusz Korczak ein:

1. Das Recht des Kindes auf seinen Tod
2. Das Recht des Kindes auf den heutigen Tag.
3. Das Recht des Kindes, so zu sein, wie es ist.
(Janusz Korczak: Wie man ein Kind lieben soll. Göttingen 1967, Seite 40)

Das Recht des Kindes auf seinen eigenen Tod – „das ist krass“, würde unsere Tochter sagen. Und in uns Eltern sträubt sich alles dagegen. Vielleicht kann man es runterbrechen auf das Recht darauf, mal ein aufgeschlagenes Knie zu erleben und wie es wieder heilt, das Recht, Angst zu spüren und sie selbst zu überwinden, das Recht auf eigenes Risiko, auf eigene Fehler, auf Lebendigkeit. Wir Eltern wollen unser Kind schützen. Ein Albtraum, sollte ihm etwas zustoßen und wir müssten uns selber Vorwürfe machen. Niemand will, dass so eine „Aktenzeichen-xy-ungelöst“-Welt über einen hereinbricht. In der Zeitung sehen wir die Kinderschänder-Meldung und beten innerlich die Statistiken runter, die beweisen, das so etwas rückläufig ist. Wir nötigen unseren Schulkindern Fahrradhelme auf, klappern alle U-Untersuchungen beim Kinderarzt ab, zerstreiten uns mit der Freundin über die Notwendigkeit von Impfungen, nehmen den Kleinen die Messer aus der Hand, den Großen die Zigaretten aus der Jacke.

Viele von uns fahren den Nachwuchs mit dem Auto bis zum Schultor, manche mögen erst gehen, wenn sie ihr Kind bis in den Klassenraum gebracht haben. Natürlich ist das übertrieben. Aber mancher kann sich wahrscheinlich leichter verabschieden, wenn er oder sie das Kind wenigstens sicher an Ort und Stelle abgeliefert hat.

Die Tatsache, dass immer mehr Kinder immer länger in Kitas oder Schulen betreut werden, führt auch zu mehr Reglementierung. Je mehr Kinder unter Fremdaufsicht stehen, desto mehr werden sie überwacht. Ist ja logisch. Da gibt es genaue Vorschriften, festgelegte Pflichtverletzungen, die einen Haftungsausschluss nach sich ziehen könnten. Außerdem bin ich um ein fremdes Kind ängstlicher besorgt als um das eigene, weil ich es nicht gut kenne und nicht weiß, was ich ihm zutrauen kann.

Einfach mal auf einen wilden Baum klettern? Lieber nicht, wir haben doch ein kesseldruck-imprägniertes Klettergerüst mit TÜV-Plakette.

Schneeballschlacht auf dem Schulhof? Ausgeschlossen. Die Fälle, wo sich ein Kind verletzte, weil in dem Schneeball ein Stein enthalten war, sind hinreichend dokumentiert.

Schwerer zu fassen ist dagegen der schleichende Verlust an Lebendigkeit, den unsere Kinder erleiden, weil Eltern immer mehr meinen, sie vor körperlichen Gefahren, vor anderen Kindern, vor Menschen überhaupt und vermeintlicher Ungerechtigkeit schützen zu müssen. Noch einmal Korczak in all seiner Drastik:

„Aus Furcht, der Tod könnte uns das Kind entreißen, entziehen wir es dem Leben; um seinen Tod zu verhindern, lassen wir es nicht richtig leben.“ (Janusz Korczak: Wie man ein Kind lieben soll. Göttingen 1967, Seite 44)

Kein Wunder, dass Kinder und Jugendliche in Minecraft-Welten flüchten. Endlich mal irgendwo sein, wohin wir ihnen nicht folgen können. Und da sie – zumindest äußerlich unversehrt – mit ihrer Internet-Welt auf unserem Sofa oder in ihrem Bett hocken, brauchen sie auch unsere Handy-Anrufe, unsere Whatsapp-Notrufe („Wo steckst du gerade?“ – „Wo bleibst du so lange?“) nicht zu fürchten.

Als meine Mutter Kind war, hat meine Oma sie mit dem kleinen Bruder zur Schule geschickt, weil sie im eigenen Schuhmacherladen stehen musste und keine Zeit hatte, den Jungen selbst dort anzumelden. Den ganzen Weg hat meine Mutter das Geburtsdatum ihres Bruder vor sich hingemurmelt. Die Zahlen hatte man ihr eingeschärft: „Sechster siebter Siebenunddreißig, sechster siebter Siebenunddreißig, sechster siebter Siebenunddreißig …" Aber das kleine Mädchen von einst hat es geschafft und erzählt noch heute davon. So eine Zumutung enthält ein großes Zutrauen. Und das macht stark.

Vor zwei Jahren geriet die Amerikanerin Lenore Skenazy weltweit in die Schlagzeilen, weil sie und ihr Mann ihrem neunjährigen Sohn erlaubt hatten, allein in New York mit der U-Bahn nach Hause zu fahren.

„Er hatte sich gewünscht", so Lenore Skenazy, „ohne Hilfe den Weg zu uns nach Hause zu finden. Das war für ihn ein großes Abenteuer. Wir fahren regelmäßig U-Bahn, mein Sohn konnte sich schon sehr gut orientieren. Also dachten mein Mann und ich: Wenn der Junge sich das zutraut, dann trauen wir es ihm auch zu. Wir gaben ihm eine Fahrkarte, Kleingeld zum Telefonieren und 20 Dollar für ein Notfall-Taxi." (Der Spiegel, Nr. 21, 16.5.2015, Seite 112)

Unter dem Eindruck dieses Interviews hat mein Mann zugestimmt, dass unsere Tochter (14) an einem Samstag zusammen mit ihrer Freundin und einigen Mitschülern eine Tagesreise mit dem Fernbus unternimmt. Und ich habe ihr ein Kissen und eine Decke an die Holzleiter zur Dachluke gelegt für ihr Sonnenaufgangserlebnis.

Unterstützen Sie Ihre Kinder dabei, eigene Kräfte zu entdecken und auch mal Risiken einzugehen.

FRAGILE
HANDLE WITH CARE

Einfacher leben in einem Clan

„Bullerbü“ ist möglich, wenn man sich Nachbarn sucht, die Kinder in ähnlichem Alter haben.

Wir wohnen Wand an Wand mit unseren Nachbarn. Die Hecke, die wir anfangs zwischen unseren Gärten gepflanzt hatten, sah nicht ein, wozu die Trennung gut sein sollte und ging ein. Also haben wir nur zwei Büsche gesetzt. Dazwischen konnten die Kinder beliebig zwischen den Grundstücken hin und her rennen.

Unsere Nachbarn haben auch eine Tochter und einen Sohn. Alle Kinder zusammen reihen sich auf wie die Orgelpfeifen. Zwischen den jeweils nächsten ist höchstens ein Abstand von eineinhalb Jahren. „Tür auf, raus zum Spielen!“ Diese Möglichkeit hat uns Eltern das Leben unglaublich erleichtert. Unsere Kinder mussten sich nicht umständlich verabreden, wir mussten sie nicht zu den Freunden chauffieren und wieder abholen. Es war fast immer jemand da, mit dem sie spielen konnten.

Auch in vielem anderen haben wir uns ergänzt: Die Nachbarn stellten eine Schaukel auf, wir eine Sandkiste. Sie schufen Platz für ein Trampolin, wir für eine Turnstange. Sie bekamen einen Hund, wir zwei Katzen. Zum Tannenbaumschlagen fahren wir immer gemeinsam. Als die Kinder klein waren, liefen sie am Heiligen Abend spät noch rüber, um bei den jeweils anderen die Geschenke zu bestaunen. Und wenn ich sie frage, wie sie ihren Geburtstag feiern möchten, höre ich bis heute unisono: „Bei Kaffee und Kuchen mit den Nachbarn. Mehr will ich gar nicht.“

Warum halte ich Ihnen unser Bullerbü-Glück vor die Nase? Weil ich auch das andere Extrem kenne und weiß, welch einen riesigen Unterschied das für Eltern macht. Bevor wir hierher zogen, lebten wir jeweils ein oder zwei Jahren in anderen Städten, hatten schließlich zwei kleine Kinder und wegen der vielen Umzüge konnten wir an unseren jeweiligen Wohnorten kaum Fuß fassen, weil wir berufsbedingt wieder weiter zogen. Eine typische Situation, wenn man im Job relativ am Anfang steht. Dummerweise fällt das gerne mit der Zeit zusammen, in der man kleine Kinder hat. So war ich viel allein mit unseren beiden Kleinen, besonders an unserer vorletzten Station, einem Vorort von Paris. Die Nachbarn dort waren entweder zu alt, um vor die Tür zu kommen, oder alle waren den Tag über in Büros verschwunden und holten ihre Kinder – wie in Frankreich sehr verbreitet – erst aus der Kita, als unsere schon fast wieder ins Bett mussten. Weil wir eine schwächelnde Stromheizung hatten, hatte ich hauptsächlich Kontakt zu den Elektrikern dort. Und bald verfügte ich über ein Französisch, mit dem ich auf einer Fachmesse für Installateure hätte brillieren können. Die meiste Zeit aber war ich allein mit zwei kleinen Kindern und das war sehr anstrengend.

„Dass eine Mutter ihr Baby allein betreut, ist bei einer kooperativ aufziehenden Art wie der unsrigen nicht sinnvoll. Mütter, die den ganzen Tag mit ihren Babys allein sind – ohne andere Verwandte oder Freunde –, befinden sich in einer Ausnahmesituation, auch wenn dies bei uns die Regel ist. Wir merken das daran, dass den meisten Müttern sehr bald die ‚Decke' auf den Kopf fällt. Das gilt auch, wenn Papa und Mama zusammen sind. Die Kleinfamilie ist ebenfalls kein artgerechtes Setting, sie schafft eine Belastungssituation, je nach Temperament des Babys auch eine Überlastungssituation." (Nicola Schmidt: artgerecht. Das andere Baby-Buch, Seite 226)

Das Wort „artgerecht", bezogen nicht auf Legehennen oder Mastschweine, sondern mal auf Menschenbabys –, ermöglicht eine neue Sicht auf Familien heute. Wir haben es häufig schwer mit unseren Kindern, nicht weil das Baby ein Tyrann ist oder wir Eltern Versager sind, sondern weil Familien in Industrienationen unter Bedingungen leben, die sowohl für die Kinder als auch für Mama und Papa nicht artgerecht sind.

Unsere Vorfahren lebten in Gruppen, arbeiteten zusammen, zogen zusammen ihre Kinder groß. Keine Mutter war stundenlang allein mit ihrem Baby, abgetrennt von allem gesellschaftlichen Leben und nur darauf hinlebend, dass sich die

Krabbel-Gruppe wieder trifft. Genauso wenig war ein Baby halbe Tage lang von seiner Mutter getrennt und wurde versorgt von Menschen, die keinerlei Bezug zur Familie haben. Das Steinzeit-Baby und die Steinzeit-Mama hatten beides: Nähe und gesellschaftlichen Anschluss, Arbeit und Spaß. Das alles ermöglichte das Leben in einem Clan.

Nun will ich weder der Steinzeit nachtrauern noch den Alltag von Naturvölkern verklären. Wir sollten aber beachten, wie wir über die Jahrtausende geprägt wurden und was wir bei all unserer Anpassungsfähigkeit nicht ignorieren können, ohne unglücklich zu werden.

Zurück zu unseren Nachbarn. Mit ihnen haben wir eine Situation schaffen können, die ein bisschen war und ist wie das artgerechte Leben in einem „Clan". Wir konnten uns unkompliziert bei der Betreuung der Kinder unterstützen. Wenn einer einkaufen ging, konnte er oder sie die Kinder bei den anderen lassen und dafür Besorgungen für die andere Familie mit erledigen. Die Kinder wuchsen in einer altersgemischten Gruppe auf, gelegentlich reisten Großeltern an, bei Bedarf konnte man ein Erwachsenengespräch führen. Wir haben zusammen gearbeitet (Auffahrt vom Unkraut befreit) und zusammen gefeiert. Das alles, ohne dass wir ständig aufeinander hockten. Dazu sind wir als Familien auch zu unterschiedlich. Wahrscheinlich liegt unter anderem darin das Geheimnis dieser guten Nachbarschaft.

Vielleicht denken Sie jetzt, dass nicht jeder das Glück hat, solche Nachbarn zu finden. Das ist wahr. Als ich damals mit einer Maklerin auf Haussuche war, glaubte sie, unser jetziges Haus käme für uns gar nicht in Frage. Vielleicht war es die Steinzeit-Mama in mir, die darauf bestand, es zu besichtigen. Als wir die Familie im Nebenhaus kennenlernten, war sofort klar: Das ist es!

Wenn Sie also kleine Kinder haben, ziehen Sie nach Möglichkeit in die Nähe von Familien mit Kindern im gleichen Alter. Das erleichtert den Alltag ungemein.

Ein ganz anderes Level

Wesentliche Gedanken zum Leben mit Kindern.

Wir waren eine Woche in Dänemark und ich hatte zwei Erziehungsbücher dabei, um mir neue Anregungen zu holen für meinen Blog und für mein Coaching. Die Familie schlief, in den Dünen pickte ein noch kinderloses Fasanenpärchen und ich kämpfte mich durch Kapitel, die sich damit beschäftigten, wann das Verhalten von Eltern ein Liebesentzug ist und wie man bedingungslos liebt und trotzdem Grenzen setzen kann. Und von der Psychoanalytikerin Alice Miller las ich, man könne ein Kind hingebungsvoll lieben – und trotzdem könne es passieren, dass man ihm nicht die Art von Liebe schenkt, die es braucht.

Puh! Mir rauchte der Kopf. „Nein“ aus Liebe, „Ja“ aus Liebe. Liebe, die da ist, aber nicht ankommt. Ich schleuderte das Buch auf den Couchtisch. Das ist es doch alles nicht.

Aber was ist es dann?

Wenn Sie sich damit plagen, ob Sie alles „richtig“ machen mit dem Kind, können Sie davon ausgehen, dass Sie selbst aufgewachsen sind mit einer Liebe, die an Bedingungen geknüpft war. Das ist Gift für ein gesundes Selbstgefühl. Und Sie können jetzt entscheiden für sich und Ihre Kinder, komplett auszusteigen aus diesem Konzept.

Strafen, Auszeiten, „stiller Stuhl“, Quetschen mit Gefühlen (Liebesentzug), also schlechte Stimmung, wenn das Kind angeblich „böse“ oder „bockig“ war … das sind alles Methoden aus dem gängigen Konzept von Kindererziehung. Und ich habe das – phasenweise – auch gemacht mit meinen Kindern. Davon geht die Welt nicht unter, aber eine Neue erschafft man damit nicht.

Mit Lob manipulieren, sagen „das hast du gut gemacht", nicht aus spontaner, ehrlicher Anerkennung, sondern weil ich dieses „gute" Verhalten wieder will, mit Süßigkeiten belohnen, weil das Kleinkind aufs Töpfchen ging, Aufkleber fürs Klavierüben, Smileys für fleißiges Vokabellernen ... Das alles ist das „Zuckerbrot" aus dem Prinzip „mit Zuckerbrot und Peitsche". Und ich habe das auch gemacht. Ein ganzes Gratifikationssystem aus zauberhaften Aufklebern hatte ich.

Klar ist das deutlich harmloser als Strafen, aber es liegt ihm das gleiche Prinzip zugrunde: man vollführt Dressurnummern mit seinen Kindern. Für den Kronprinzen hatte ich früher ein Strichsystem für jede halbe Stunde Klavierüben, bis ich merkte, dass das seiner und meiner nicht würdig war. Bald hörte er auf mit Klavierunterricht, suchte sich eine Schule mit Big Band, in der er Saxophon spielen konnte, und ich genieße, wie er heute gelegentlich auf dem Klavier improvisiert.

Ja, soll man denn alles laufen lassen? Nein. Es ist wie bei einem Fußball-Spiel: Klar brauche ich Regeln, aber die stehen nicht im Vordergrund. Der Kern ist die Freude am Spiel. Viele Eltern zäumen das Pferd von der falschen Seite auf, sie denken, wenn ich endlich diese oder jene

Regel durchsetze, bekommen wir ein schönes Familienleben, wenn mein Mann endlich genauso erzieht wie ich, wenn …. wenn … Es geht **umgekehrt**! Wir haben ab sofort ein schönes Familienleben, wir genießen gemeinsam unterwegs zu sein auf einer spannenden Reise und zwischendurch kann man das eine oder andere zurechtruckeln. („Du-bringst-jetzt-den-Müll-runter-danke!")

Wenn ich unterwegs bin als Teufelsaustreiber, wenn ich mir einbilde, alles läuft aus dem Ruder, wenn ich das Kind nicht „zivilisiere", dann habe ich ständig Machtkämpfe und Streit.

Wovon ich hier schreibe, ist ein ganz anderes Level, das ist, als würde man in grauer Vorstadt ein Tor

aufstoßen in einen schönen Garten. In diesem Garten ist kein Platz für Debatten von autoritär bis antiautoritär. Unser Umgang miteinander hat einfach nichts damit zu tun. Es ist auch kein fades Zwischending, es ist kein „gestern-war-ich-streng-dann-bin-ich-heute-mal-ein-bisschen-nachgiebiger". Es ist schon gar kein „einfach-alles-laufen-lassen", „sich-nicht-kümmern", Desinteresse.

Es hat auch nichts mit Verwöhnen zu tun. Ja, das Schreckgespenst des Verwöhnens. Da kann ich mir schon ein Kreuzchen im Kalender machen, weil zuverlässig alle paar Monate ein sogenannter Experte durch die Talkshows gereicht wird, der/die behauptet, die nächste Generation sei verloren, weil Eltern nicht genug Grenzen setzen und ihre Kinder verwöhnen würden. Da sitzen wir dann wieder in der grauen Vorstadt und es ist nicht nur grau, sondern wir haben auch noch das Gefühl, alles falsch zu machen. Schließlich kommt Mutter oder Schwiegermutter um die Ecke und fragt, ob man das auch gesehen hat: Frau Soundso bei Anne Will oder Günther Jauch. Und sie hätte ja immer schon gemeint, der Tim oder die Paula bräuchte eine härtere Hand.

Als ich mich da so echauffierte auf der Ferienhaus-Couch, ging mir eine Situation mit einem meiner Neffen nicht mehr aus dem Kopf. Finn, damals zehn Jahre alt, besuchte meinen Mann und mich übers Wochenende. Wir waren damals noch kinderlos, beide im ersten Job und wohnten in einer Altbau-Wohnung in Frankfurt. Und Finn war ein aufgeweckter Junge, so aufgeweckt, dass man als Eltern froh sein konnte, auch mal eine kleine Finn-Pause genießen zu dürfen.

Ich weiß noch, wie ich mit Finn aus dem Zoo nach Hause ging, die Tür aufschließen wollte und er das Papier von seinem Eis in den Vorgarten warf. Ha! Fanfare! Ein Situation, wie gerufen für die angehende Super-Mum, für die Tante, die der Verwandtschaft mal zeigen wollte, wie gut sie mit diesem Kind zurecht kommt.

„Das hebst du auf!" – „Nein!" (ein herausforderndes Blinzeln in seinen Augen) – „Du hebst das auf!" – „Nein!" – „Dann kannst du gleich auch nicht fernsehen." – „Mir doch egal!" – „Dann kannst du leider nicht mit nach oben kommen." – „Na und?" Und so weiter. Ich ging also nach oben, wartete fünf Minuten, ging wieder runter, und dann hob er zähneknirschend doch das Papier auf und ging mit mir in die Wohnung.

Glück gehabt! Er hätte ja auch weglaufen können.

Ich bin mir sicher, dass es gar nicht zu der Situation gekommen wäre, wenn ich mich nicht als pädagogisch begabte Tante hätte aufspielen wollen. Wenn ich Finn und das Zusammensein mit ihm einfach genossen hätte, wenn wir unseren Spaß gehabt hätten, hätte er nicht testen müssen, wie ich wirklich zu ihm stehe. Dafür haben Kinder sehr feine Antennen. Und die Schwingungen, die sie aufnehmen, sind entscheidend für die Situation. Natürlich brülle ich bei der Kissenschlacht „Hömma, geh mit den Schuhen von meinem weißen Sofa runter!" und weiter geht die Schlacht, natürlich kann ich sagen „Hänge deine Jacke auf!" oder „Heb das Papier auf!" Entscheidend ist wieder diese Grundeinstellung zum Leben und zu meinem Kind, Beziehung oder Erziehung, Garten oder graue Vorstadt.

Verzichten Sie auf Dressurnummern mit Kindern und denken Sie an den Kern der ganzen Sache: Freude!

Sind Kinder nicht toll?

Queen
OF EIN FACH
EVERYTHING

A wie Ansprüche, zu hohe

Überflieger im Job? Immer entspannt mit den Kindern? Beste Feinbäckerin der Welt? Immer ein persönliches Geschenk, handgefertigt und originell? Sich einrichten wie in „Schöner wohnen“?
…
Ich picke mir das raus, was für mich passt, was mein Herz höher schlagen lässt, was zum Ausdruck bringt, wer ich bin. Der Rest kommt in die Tonne.

B wie Bindung

Kinder hungern nach Nähe und Bindung. Wenn Mama sie aus der Kita abholt, wollen sie ihren Schoß, ihre Hand, ihren guten Duft. Ganz schlicht. Kein Kinderturnen, kein Kasperle, kein Bespaßungsprogramm. Es reicht, zusammen nach Hause zu schlendern, vielleicht einen Falter zu beobachten, an ihrer Hand auf einem Mäuerchen zu balancieren, zu Hause auf dem Sofa zu lümmeln. Einfach zusammen **sein**.

C wie Cappuccino

Um mit Freude Mama zu sein, muss ich mir selbst eine gute Mama sein. Heute schon den Schneeflocken beim Rieseln zugeschaut? Cappuccino-Schaum auf der Zunge zergehen lassen? Mit der guten Handcreme jeden einzelnen Finger verwöhnt?

TiMe

Geduldsfaden

D wie duldsam mit sich selbst sein

Noch nie gab es so viele Lebensmodelle und Erziehungsstile wie heute. Deshalb habe ich die Aufgabe, meinen eigenen Weg mit meinem Kind zu finden. Und weil das eine große Herausforderung ist, darf ich nicht so streng mit mir selbst sein.

E wie ernst nehmen

Den Wunsch eines Kindes ernst zu nehmen, bedeutet nicht, ihn erfüllen zu müssen. Manchmal ist genau das das Geschenk: ernst nehmen und **nicht** erfüllen. Das Wichtigste aber bleibt zuhören und ernst nehmen.

F wie Familientreffpunkt

Es sollte in jeder Wohnung einen großen Tisch geben, der immer frei gehalten wird (keine Ablage für Post, Prospekte, Schulsachen). Stellen Sie eine Kerze und eine Blume darauf. Mit der Zeit wird dieser Tisch automatisch zum Familientreffpunkt werden.

G wie Großeltern

Wenn sich Großeltern in die Kindererziehung einmischen, können die Eltern sagen: „Danke, dass ihr uns unterstützen wollt! Wir haben eure Worte vernommen und wir entscheiden, wie wir es machen."

Bitte!

H wie Hausarbeit

Wie geht eine familiäre Klima-Erwärmung? Ganz einfach: „Danke, dass du den Müll rausgebracht hast!“ – „Danke, dass du so lecker gekocht hast!“ – „Danke, dass du mir beim Aufräumen geholfen hast!“ Nichts ist selbstverständlich. Und alles wird dadurch schöner.

wie ich sein

Manchmal muss ich mein Kind einfach in den Arm nehmen, auch wenn ich dafür über unaufgeräumte Kleider hüpfen muss, manchmal muss ich einfach auf den Tisch hauen, weil mir sonst der Kragen platzt, manchmal muss ich einfach Kakao kochen und die Sahne dazu mit bunten Zuckerstreuseln sprenkeln.

Immer muss ich einfach ich sein. Meine Kinder mögen das. Sie dürfen nämlich auch sie selbst sein.

J wie Jungs

Was Müttern bei ihren Söhnen nervt (Pistolen-Sammlung, Kraftausdrücke, Rangeln…), brauchen die Jungs zum Dampfablassen. Wenn Mamas aufhören, mit ihren weiblichen Waffen (Schimpfen, Verachtung…) dagegen anzukämpfen, bekommen sie auf lange Sicht friedfertige und selbstbewusste kleine Männer.

Die Verbindung zu meinem Sohn kann ich stärken, wenn ich mich für seine Hobbys interessiere. Keine „Schau-mir-in-die-Augen"-Nummer oder „Wie-geht-es-dir?"-Fragen! Das ist eher was für Mädels. Mit Jungen komme ich ins Gespräch beim Basteln, Bauen, Joggen, Angeln und langen Autofahrten zu Zweit.

K wie körperliche Nähe

Streicheln, kuscheln, kitzeln, Rücken kratzen, auf dem Schoß sitzen…, von all dem kann es gar nicht genug geben für Kinder.

In der Forschung ist es strittig, welche Faktoren zu einer sicheren Bindung führen, aber ein Faktor ist bewiesen: körperliche Nähe.

L wie Leichtigkeit oder Lichtschwert

Kinder legen keinen Wert auf Ordnung, Hausaufgaben oder die Fluoridierung der Zähne. Natürlich ist es für sie viel wichtiger, ein Lichtschwert zu basteln, als den Pulli richtig herum zu tragen. Auch für Erwachsene wird es leichter, wenn sie die Welt gelegentlich aus Kinderperspektive betrachten.

H

M wie Medien

Digitale Medien gehören noch mehr zur Lebenswelt unserer Kinder, als sie es für uns Erwachsene schon tun. Sie zu verteufeln, funktioniert nicht. Aber sie fern zu halten zum Beispiel von den gemeinsamen Mahlzeiten („Alle Handys ins Körbchen!") erschafft mehr Austausch untereinander und mehr Geborgenheit in der Familie.

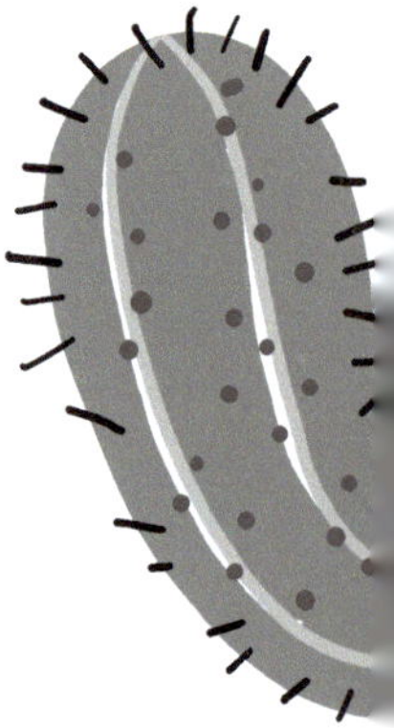

N wie „Nein"-Filter

„Lass die Milchkanne nicht fallen!"
besser
„Halte die Kanne gut fest!"

„Laufe nicht auf die Straße!"
besser
„Du bleibst jetzt an meiner Hand!"

„Nein, nicht Omas Tomaten abreißen!"
besser
„Omas Tomaten bleiben am Busch.

Das Gehirn hat einen Nein-Filter.
Deshalb funktionieren positiv formulierte Botschaften besser.

Super!
Cool!
Aller-
1. Sahne

O wie Ordnung schaffen

Ordnung schafft Platz für neue Ideen und wohltuende Klarheit im Kopf. Wenn Kinder das von Klein auf erleben und ihnen Aufräumen nicht als lästige Pflicht vermittelt wird, geht es später leichter.

Aufwändige Bauwerke sollten auch ein paar Tage stehen dürfen und gewürdigt werden. Wenn dann doch der Staubsauger anrücken muss, mache ich schnell ein Foto von der Burg, dem Schloss oder dem Autobahnkreuz. Dann fällt das Abreißen nicht so schwer.

P wie Pubertät

Behandelt Teenager nicht, als wären sie hormongesteuerte Aliens. Wie würde es uns Müttern gefallen, wenn man uns in den Wechseljahren nicht mehr ernst nehmen würde? In der Pubertät werden aus Kindern Erwachsene. Das ist gesund und notwendig. In der Zeit brauchen sie Eltern, die MIT ihnen und nicht ÜBER SIE reden.

Alle(s)!

Q wie Qualität der Beziehung

Kinder – wie Menschen überhaupt – kann ich nur für meine Ziele gewinnen, wenn ich eine Verbindung zu ihnen habe, ihnen vertraue und das Beste für sie im Sinn habe.

Eine gute Beziehung zu pflegen, heißt nicht, zu allem „Ja und Amen“ zu sagen. Wenn ich als Erwachsener nicht zu meinen eigenen Grenzen und Werten stehe, eiert mein Kind führungslos durch die Welt.

R wie Respekt

Wie lernen Kinder Respekt? Ganz einfach. Indem sie selbst welchen erfahren. Spätestens wenn sie zehn Jahre alt sind, sollten Eltern anklopfen, ehe sie in das Zimmer ihres Kindes treten.

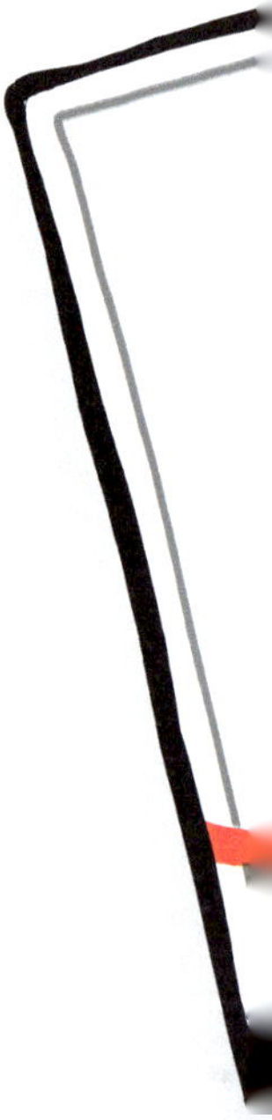

• WIR MÜSSEN •
DRAUSSEN BLEIBEN!

S wie Schule

Wenn es bei den Teenagern in der Schule nicht läuft, sollte man alle Vorwürfe in die Tonne tun und Fragen stellen. „Welche Zensuren möchtest du erreichen? Was möchtest du später machen? Was ist dir wichtig im Leben?“
Dann eine Umarmung, zusammen Ziele formulieren und zum Schluss fragen: „Wie kann ich dich dabei unterstützen?“

SCHOOL IS COOL

T wie To-do-liste

Wenn ich voller Liebe für mich selber bin, habe ich Freude daran, wie sich alles so entwickelt. Das Leben meine ich. Ich kritzele die To-do-Listen voll und lache am Abend,
weil der Tag mal wieder ganz anders gelaufen ist.

U wie Umgangsformen

Wenn das Kind kein „Bitte", „Danke" oder „Hallo" herausbringt, kann man einfach lachen und sagen:„Dann bedanke ich mich mal im Namen meiner Tochter." oder „Dann sage ich mal für uns alle ‚Hallo'!" Machen Sie aus dem Thema Umgangsformen keinen Kampf, aber machen Sie ruhig vor, wie es geht.

Sonnengruß

V wie Vision

Ich kann mich darin üben, mehr in meinem Kind zu sehen, als es selbst in sich sieht. Manche Eltern sehen nur Defizite, manche glauben, sie hätten ein „realistisches" Bild von ihrem Kind. Wie wäre es damit, mehr in seinem Kind zu sehen, als es selbst sieht? Hatten Sie schon mal jemanden an Ihrer Seite, der eine größere Vision von Ihnen hatte als Sie selbst? Ist das nicht unglaublich beflügelnd?

W wie wilde Kerle

Wilden Kerlen tut es gut, wenn sie schaukeln können. Besonders eine Hängematte, in die man sich so richtig einrollen und dabei sanft hin- und her schwingen kann, hat auf sie eine beruhigende Wirkung.

X wie x-Chromosom

Menschen mit zwei x-Chromosomen, also Mädels, liefern sich gerne Schlachten der sozial-emotionalen Kommunikation. Das kann manchmal mehr weh tun als das, was die wilden Kerle mit Fäusten ausrichten. Wenn die eigene Tochter davon betroffen ist, hilft folgendes Programm:

1. In den Arm nehmen und erzählen lassen. 50 Prozent des inneren Drucks sind schon mal weg, wenn alles aus einem herausplatzen darf.
2. Trösten, den Kopf kraulen, streicheln, sagen, dass man verstehen kann, wie äußerst bescheiden dieser Schultag war.
3. Dampf ablassen. „Diese blöde Zicke!“ Und, wom, kriegt das Sofakissen unseren linken Haken zu spüren. „Und hier hast du noch einen und noch einen.“ Jetzt haben wir es der Kissen-Zicke aber gezeigt. Die Tochter kann wieder lachen.
4. Aber dann muss gut sein. Nicht als Mama oder Papa gegen andere Kinder hetzen.
5. Und vor allen Dingen nicht bei anderen Eltern anrufen, um die Situation zu „klären“. Es ist der Konflikt der Kinder. Raushalten!
6. Zusammen überlegen, was die Tochter das nächste Mal in solch einer Situation sagen oder tun könnte.
7. Sich nicht länger aufhalten bei dem, was sich ereignet hat oder was alles gesagt wurde. In die Zukunft schauen, immer vorwärts gerichtet.
8. Dem Kind die wichtigsten Grundsätze zur Vermeidung von Zickenkrieg vermitteln: Kläre Probleme direkt mit der Person, die sie betreffen. Sprich nicht mit Dritten darüber.

Y wie Yacht

Wenn ein Kind ausrastet, ist dies der schlechteste Moment, um es zu erziehen. Es hört unsere Worte gar nicht. Das ist wie auf einer Segel-Yacht. Wenn der Sturm am schlimmsten tobt, hole ich die Segel ein und warte Seite an Seite mit der Mannschaft, bis das Schlimmste vorbei ist.

Z wie Zeitpuffer

Wenn ein Kind in einer wichtigen Sache um Erlaubnis fragt, gönne ich mir einen Zeitpuffer. „Ich muss darüber nachdenken, es mit Papa in Ruhe besprechen, eine Nacht darüber schlafen…“ Das erspart viel Ärger und lästige Diskussionen.

Für Mama
& Papa!